Vom Liebhaben und Kinderkriegen

16. Auflage 2016
(basierend auf der überarbeiteten Neuausgabe von 2013)
© Annette Betz in der Ueberreuter Verlag GmbH, Berlin 2015
ISBN 978-3-219-11582-6
Überarbeitete Neuausgabe © Annette Betz Verlag in der Ueberreuter Verlag GmbH, Berlin 2013
ISBN 978-3-7641-3003-9
Erstausgabe © Annette Betz Verlag im Verlag Carl Ueberreuter, Wien – München 1998
ISBN 978-3-219-10745-6
Originalausgabe erschien unter dem Titel *ik vind jou lief* bei Uitgeverij Ploegsma bv, Amsterdam
Copyright text © Sanderijn Van der Doef and Uitgeverij Ploegsma, 1997, 2012
Copyright illustrations © Marian Latour, 2012
Aus dem Niederländischen von Regina Zwerger

Umschlag- und Innenillustrationen: Marian Latour
Druck und Bindung: Great Wall Printing, China

www.annettebetz.de

Sanderijn van der Doef
Bilder von Marian Latour

Vom Liebhaben und Kinderkriegen

Mein erstes Aufklärungsbuch

annette betz

Was ist Freundschaft?

Eine Freundin oder ein Freund:
Das ist jemand, den du magst und der dich mag.
Freunde helfen einander. Freunde trösten einander.
Freunde machen viele Dinge zusammen: Sie spielen.
Sie lachen. Sie reden. Sie treffen sich im Park. Oder einer geht
den anderen besuchen. Manchmal bleibt man beim Freund
oder bei der Freundin auch über Nacht.

Zwei Freunde gehen
Fußball spielen.

Es macht Spaß, mit der Freundin
durch Pfützen zu springen.

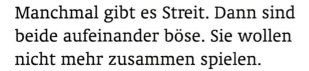

Manchmal gibt es Streit. Dann sind
beide aufeinander böse. Sie wollen
nicht mehr zusammen spielen.

Aber wenn der Streit vorbei ist,
sind sie wieder Freunde.

Jeder kann dein Freund sein

Wie schaut dein Freund aus?

Ist er größer oder kleiner als du?

Redet er viel oder ist er eher still?

Wie schaut deine Freundin aus?

Hat sie lange oder kurze Haare?

Ist sie mutig oder ist sie schüchtern?

Jeder kann dein Freund oder deine Freundin sein:

ein Kind aus dem Kindergarten, aus der Schule oder aus

der Nachbarschaft. Aber auch dein Bruder oder

deine Schwester, dein Vater und deine Mutter oder euer Hund

und eure Katze können deine Freunde sein.

Wenn ich meine Katze streichle, schnurrt sie gleich. Sie ist mein liebstes Kuscheltier.

Ich hab meine kleine Schwester lieb.
Wenn sie größer ist, kann ich mit ihr spielen.
Dann wird sie meine Freundin sein.

Mein Papa ist sehr stark. Ich mag's, wenn er mich trägt. Für ihn ist das ganz leicht. Er ist mein stärkster Freund.

Der Nachbarsjunge tröstet mich, wenn ich weine.
Deshalb ist er
mein allerbester Freund.

Was ist Liebe?

Wenn du jemanden lieb hast, freust du dich, ihn zu sehen.
Zur Begrüßung hebt dich dein Vater hoch.
Mama sagt dir leise ins Ohr: »Ich hab dich lieb.«
Das sagt sie auch zu deinem Vater. Wahrscheinlich sind die beiden ineinander verliebt. Leute, die verliebt sind, möchten am liebsten immer zusammen sein. Sie küssen und streicheln einander und sagen sich was Liebes. Auch Kinder können verliebt sein. Oder zwei Männer oder zwei Frauen.
Wenn du in jemanden verliebt bist, ist er
(oder sie) für dich das Schönste,
Beste und Allerliebste.

Wenn ich in jemanden verliebt
bin, pflücke ich für ihn Blumen.

Mama sagt mir, dass
sie mich liebt.

Wenn man verliebt ist, möchte man
sie oder ihn ständig
angucken.

Verliebte gehen oft
eng umschlungen.

Wenn man verliebt ist, möchte man
ganz nahe beieinander sein.

Bist du ein Mädchen?

Jeder hat einen Po. Dein Vater, deine Mutter und sogar die Königin. Da sind alle gleich.

Aber vorne sehen Mädchen anders aus als Jungen.

Das siehst du, wenn du dich ausziehst.

Mädchen haben eine Öffnung zwischen den Beinen.

Dort ist ein kleines Loch, mit dem sie Pipi machen.

Gleich daneben ist noch ein anderes kleines Loch.

Wenn das Mädchen erwachsen ist, kann da ein Baby rauskommen.

Diese Öffnung heißt Vagina oder Scheide.

Es gibt noch andere Namen dafür.

Wie nennst du sie?

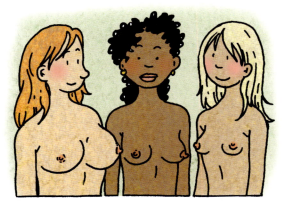

Alle Mädchen bekommen eine
Brust, wenn sie größer werden.
Brüste können sehr verschieden
sein, es gibt große und kleine.

Die beiden verkleiden sich als Frau.
Es macht ihnen großen Spaß.
Und was nehmen sie als »Brüste«?

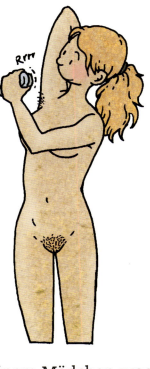

Das Baby trinkt Milch
an Mamas Brust.

Einem Mädchen wachsen
später Haare unter den Armen
und um die Scheide herum.

Bist du ein Junge?

Jungen haben einen Penis. Er heißt auch Glied. Es gibt noch viele andere Namen – wie sagst du?
Jungen machen mit ihrem Penis Pipi.
Jungen kriegen keine Brüste; Brüste kriegen nur Mädchen. Aber wenn Jungen größer werden, wachsen ihnen Haare im Gesicht. Manche Männer rasieren sich, andere haben gern einen Bart. Auch Jungen bekommen Haare unter den Armen, um den Penis herum wachsen sie auch. Wenn ein Junge größer wird, verändert sich seine Stimme: Sie wird tiefer.

Aber von vorn sieht man den Unterschied!

Am Po kann man nicht sehen, ob jemand ein Junge oder ein Mädchen ist.

Und was ist dieses Baby?

Wenn ein Junge erwachsen wird, bekommt er Haare um den Penis rum, unter den Armen und im Gesicht. Männer, die keinen Bart tragen wollen, müssen sich rasieren.

Jeder war mal ein Baby

Jeder Mensch ist als Baby
auf die Welt gekommen:
dein Vater und deine Mutter,
dein Lehrer und auch die
Großeltern. Und natürlich auch
Prinzen und Prinzessinnen.

Tiere sind auch Babys gewesen.
Manche wachsen im Bauch
ihrer Mutter – so wie Menschen.
Andere schlüpfen
aus einem Ei.

Küssen und Kuscheln

Wenn du jemanden lieb hast, möchtest du es ihm auch zeigen.
Es ist fein, miteinander zärtlich zu sein und zu schmusen.
Manchmal magst du dich ganz eng an deinen Vater kuscheln
oder von deiner Mutter in den Arm genommen werden.
Manchmal möchtest du dein Kaninchen kraulen
oder deinem Hund die Arme um den Hals legen.
Auch Erwachsene möchten schmusen, wenn sie verliebt sind.
Sie küssen und streicheln einander.

Auch alte Leute sind
zärtlich zueinander.

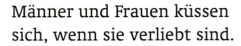
Männer und Frauen küssen
sich, wenn sie verliebt sind.

Hunde beschnüffeln einander,
wenn sie knuddeln wollen.

Wenn dein bester Freund oder deine beste Freundin mit anderen Kindern
zusammen ist, wirst du vielleicht eifersüchtig.

Liebe machen

Wenn Erwachsene ineinander verliebt sind, möchten sie mehr als küssen und streicheln. Meistens ziehen sie sich dann aus und kuscheln sich aneinander.

Der Penis des Mannes gleitet in die Scheide der Frau.
Das ist für beide ein wunderschönes Gefühl.
Für dieses Zusammensein gibt es viele Namen:
»miteinander schlafen« zum Beispiel oder »Liebe machen«.
Aus dem Penis kommt ein wenig Flüssigkeit in die Scheide der Frau. In dieser Flüssigkeit sind viele ganz winzige Samen.
Die Samen wandern weiter in den Bauch der Frau. Dort gibt es manchmal ein kleines Ei. Wenn ein Samen und diese Eizelle zusammenkommen, beginnt daraus ein Baby zu wachsen.
Wenn ein Paar kein Baby möchte, kann die Frau eine Pille nehmen. Oder der Mann zieht sich eine Hülle über den Penis, damit keine Samen in die Scheide kommen. So können sie miteinander schlafen, ohne dass ein Baby entsteht.

Manche Affen-Weibchen zeigen ihren Po, wenn sie für das Männchen bereit sind.

So machen Vögel ihre Jungen. Bei Tieren heißt das Paarung.

Hast du schon mal den Schnecken zugesehen, wenn sie sich paaren?

Das Hundemännchen, der Rüde, stellt sich bei der Paarung hinter die Hündin und hält sich an ihr fest.

Wenn sich eine Katze mit einem Kater paaren will, dann miaut sie laut. Alle Kater in der Umgebung können sie hören.

Ein Baby ist unterwegs

Sobald der Samen in die Eizelle gekommen ist,
beginnt das Baby im Bauch der Mutter zu wachsen.
Am Anfang ist es nicht größer als ein Sandkorn.
Aber es wächst und wächst. Wenn es größer geworden ist,
kann es zum Beispiel an seinem Daumen lutschen.
Es kann sich im Bauch der Mutter auch bewegen.
Manchmal tritt es mit seinem kleinen Fuß.
Das kannst du an Mamas Bauch sehen. Und du kannst
es spüren, wenn du die Hand auf ihren Bauch legst.
Wenn du mit dem Baby sprichst, hört es deine Stimme.
Manchmal sind zwei Babys im Bauch – Zwillinge!

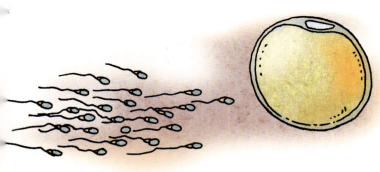
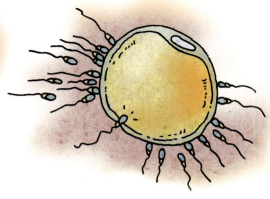

Die kleinen Samen sind unterwegs
zum Ei. Die Eizelle ist viel größer
als die Samen.

Nur ein Samen kommt
in die Eizelle hinein.

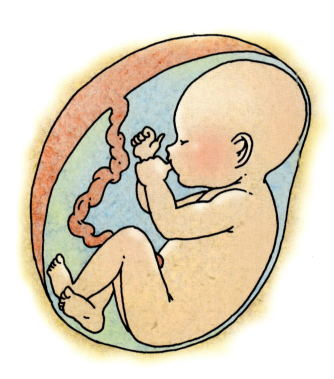

In Mamas Bauch kann das Baby
in Ruhe wachsen. Rund um
das Baby ist Wasser, in dem es sich
gut bewegen kann. Seine Nahrung
bekommt das Baby durch eine Art
Kabel, die Nabelschnur.

Es dauert neun Monate

Es ist Frühling. Mama und Papa wissen schon,
dass sie ein Baby bekommen werden.

Es ist Sommer. Mamas Bauch ist ein
bisschen dicker geworden.

Es ist Herbst. Nun kann jeder sehen, dass in Mamas Bauch ein Baby wächst.

Es ist Winter. Bald wird das Baby kommen.
Zu Weihnachten soll es da sein.

Ein Baby wird geboren

Die Mutter kann ihr Baby im Krankenhaus gebären oder zu Hause. Wenn sie spürt, dass das Baby auf die Welt kommen will, ruft sie den Arzt oder eine Hebamme.

Sie helfen bei der Geburt. Oft ist auch der Vater dabei.

Die Mutter muss ganz fest pressen. So hilft sie dem Baby, durch die Scheide herauszukommen. Als Erstes ist der Kopf des Babys zu sehen. Sobald es ganz draußen ist, beginnt das Baby zu schreien. Im Bauch der Mutter war's dunkel und warm, hier ist es für das Baby hell und kalt.

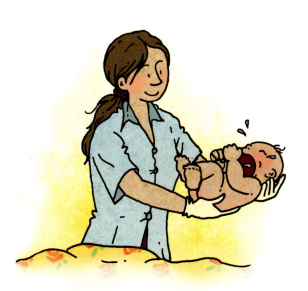

Das Baby schreit, wenn es auf der Welt ist.

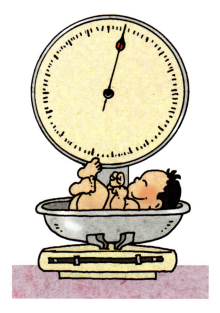

Erst wird das Baby gewogen.

Dann wird es in ein Tuch gewickelt.

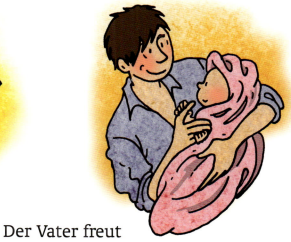

Der Vater freut sich über das Baby.

Die Mutter und das Baby kuscheln sich glücklich aneinander.

Es kann auch anders sein

Es gibt Babys, die nicht im Bauch ihrer Mutter entstanden sind.
Der Arzt hat eine Eizelle und einen Samen in einem
Glasröhrchen zusammengetan. Dieses Minibaby hat er
der Mutter eingepflanzt. Dann ist es in ihr weitergewachsen.
Das kann der Arzt auch machen, wenn zwei Frauen zusammen
ein Baby haben wollen. Oft fragen die Frauen dann einen
befreundeten Mann, ob er dem Arzt seinen Samen geben mag.
Der Arzt kann den Samen dann mit der Eizelle von einer der
Mütter zusammenbringen. Manchmal sorgt der Mann dann
mit für das Baby. Aber die zwei Mütter kümmern sich auch
oft alleine.

Es gibt auch adoptierte Kinder. Sie leben
nicht bei ihren leiblichen Eltern, weil
diese sich nicht um sie kümmern
können. Andere Eltern
kümmern sich deshalb
um sie. Wenn zwei
Männer zusammen
ein Baby haben
wollen, können
sie ein Kind
adoptieren
und für es
sorgen.

Der Kuckuck legt sein Ei einem anderen Vogel ins Nest. Dieser kleine Vogel muss dann das große Kuckucksjunge aufziehen.

Einem Kind siehst du nicht an, ob es im Glasröhrchen entstanden ist.

Zwei Väter können auch zusammen für ein Kind sorgen.

Wem siehst du ähnlich?

Ein Kind sieht seiner Familie ähnlich. Vielleicht hast du die gleichen braunen Augen wie dein Vater oder schwarze Locken wie deine Mutter. Oder siehst du ein bisschen so aus wie dein Großvater oder deine Großmutter, deine Tante oder dein Onkel? Im Samen und in der Eizelle, aus denen du entstanden bist, sind alle diese Familienmerkmale gespeichert. Einem Baby sieht man meistens noch nicht an, wem es ähnlich wird. Das kann man erst erkennen, wenn das Kind größer ist.

Wem sehen diese Zwillinge
ähnlich?

Kinder bekommen auch die gleiche
Hautfarbe wie ihre Eltern.

Schaut dieses Kätzchen wie
seine Mutter aus?

Später wird
der kleine
Pinguin
wie seine
Eltern
aussehen.

Wenn die kleinen Schwäne groß
sind, werden sie so weiß
wie ihre Eltern sein.

Bei wem lebst du?

Die meisten Kinder leben bei
ihrem Vater und ihrer Mutter.
Manche leben allein mit der
Mutter. Oder allein mit dem
Vater. Manche Kinder wohnen
in einem großen Kinderheim
mit vielen Vätern und Müttern.
Oder mit Großvater und Großmutter.
Oder mit zwei Müttern oder zwei Vätern.

Viele Tierarten leben in großen Gruppen zusammen. Tierkinder werden oft nicht nur von ihren Eltern betreut, sondern auch von Onkeln und Tanten. Tiere leben in Höhlen, auf Bäumen oder einfach im Freien.

»Ich hab dich lieb«, sagt dein Papa,
wenn du auf seinem Schoß sitzt.
»Ich hab dich lieb«, sagst du zu ihm,
wenn er dir eine Geschichte vorliest.
»Ich hab dich lieb«, denkt die Katze,
wenn sie auf dem Sessel liegen darf.
»Ich hab dich lieb« – zu wem sagst du das denn?